146

L 5 46. 110.

RELATION

Des événemens qui se sont passés en France avant et depuis le 20 mars 1815.

RELATION

Des événemens qui se sont passés en France avant et depuis le 20 mars 1815.

(Extrait du Journal Universel, publié à Gand, sous l'autorité du Roi.)

Du 14 avril 1815.

Une catastrophe aussi funeste qu'inattendue vient de frapper l'Europe d'étonnement. Un roi qu'environnaient la confiance et l'amour de son peuple, s'est vu forcé de quitter sa capitale, et bientôt après ses états envahis par l'homme dont le nom ne rappèle que des calamités et des crimes ; et la France, de l'état de paix et de prospérité qui lui avait été rendu, a été, en moins de trois semaines, replongée dans l'abîme de maux qu'elle croyait fermé. Il est important de faire connaître par quelle progression de causes irrésistibles la trahison a pu enchaîner, dans cette circonstance, la force publique et la volonté nationale.

Ce fut le 5 de mars que le Roi apprit, par une dépêche télégraphique, le débarquement de Buonaparte, à la tête de onze cents hommes, sur le territoire français. Cette entreprise pouvait être considérée sous deux points de vue différens : c'était le résultat d'un complot secondé par de vastes intelligences, ou l'acte d'un insensé à qui son ambition et la violence de son caractère n'avaient pas permis de supporter plus long-temps un repos qui ne lui laissait que l'agitation des remords. Dans cette double supposition, il était nécessaire de prendre les mesures que suggérait la prudence, et qu'aurait prescrites le plus imminent péril. Des ordres furent expédiés en toute hâte pour que les troupes se rassemblassent à Lyon. On recevait du commandant de Grenoble des avis satisfaisans; et la conduite de la garnison d'Antibes devait faire espérer que Buonaparte avait été trompé dans l'espoir d'attirer à son parti les troupes du Roi. Dans le cas cependant où il eût formé quelques intelligences, un corps placé à Lyon devait l'arrêter. MONSIEUR partit le 6 au matin pour prendre le commandement de ce corps; et il fut suivi le lendemain par M. le duc d'Orléans.

Tous les maréchaux et généraux employés dans les départemens, eurent ordre de se rendre dans leurs commandemens respectifs. Le maréchal Ney, qui commandait à Besançon et pouvait y seconder les opérations de Monsieur, vint prendre congé du Roi. En baisant la main de S. M., il lui dit avec le ton du dévoûment et un élan qui semblait partir de la franchise d'un soldat, que s'il atteignait l'ennemi du Roi et de la France, *il le ramènerait dans une cage de fer*. L'événement a fait voir quelle basse dissimulation lui inspirait alors le projet d'une perfidie que tous les militaires de l'Europe n'apprendront qu'avec horreur.

Monsieur fut reçu à Lyon avec enthousiasme; tout y fut préparé pour la plus vigoureuse résistance; mais malheureusement il ne s'y trouvait aucunes munitions de guerre.

Bientôt on sut que la garnison de Grenoble avait ouvert à l'ennemi les portes de cette ville, et qu'un régiment venu de Chambéry, sous les ordres de M. de la Bedoyère, s'était uni aux rebelles. Il n'était encore arrivé à Lyon qu'un petit nombre de troupes ; mais *Monsieur*, que le maréchal Macdonald s'était empressé de rejoindre, ne s'en décida pas moins à tenir derrière des barricades élevées à la hâte. Cependant à l'apparition des premiers dragons qui précédaient Buonaparte, une défection générale se mit dans les troupes de *Monsieur*. Toutes les remontrances du duc de Tarente furent vaines, et alors, comme depuis, les forces assemblées pour résister au torrent, ne firent que le grossir et en alimenter la violence.

On apprit le 10, par une dépêche télégraphique, et par conséquent sans aucun détail, que Buonaparte était entré à Lyon ce même jour. M. le duc d'Orléans revint à Paris le 12. *Monsieur* y arriva le lendemain. Les nouvelles qui suivirent firent craindre une suite rapide de désastres.

Cependant l'opinion agitée par tant de craintes et de défiances, cherchait ailleurs que dans l'ascendant d'un seul homme la cause de son déplorable succès. On ne voulait pas croire que la séduction de sa présence eût produit un tel effet sur les troupes. Le maréchal, duc de Dalmatie, ministre de la guerre, avait été le dernier à soutenir en France, les armes à la main, la cause déjà perdue de Napoléon. On prétendit voir, dans cette ancienne marque de dévoûment, l'indice d'une trahison. Cette trahison ne fut point du tout prouvée, et on doit peut-être la mettre au nombre de ces calomnies populaires qui se répandent au moment des grands périls ; mais la voix publique éclata contre le maréchal, et lui-même vint remettre entre les mains du Roi sa démission et son épée. Sa Majesté, avec la confiance qui ne l'a jamais abandonnée au milieu des plus lâches perfidies, fit appeler le duc de Feltre, que l'estime générale indiquait à son choix, et lui rendit le porte-feuille de la guerre qu'il avait eu sous Buonaparte jusqu'à l'époque de la restauration. Cette confiance du Roi a été pleinement justifiée par la fidélité du duc de Feltre.

On ne pouvait plus songer qu'à faire rétrograder les troupes : en s'avançant vers l'ennemi, elles lui fournissaient presque partout des auxiliaires. On se décida à former un corps d'armée devant Paris, et à réunir le plus grand nombre possible de gardes nationales et de volontaires. Dès le 11, M. le duc de Berry avait été nommé général de cette armée. Le maréchal Macdonald fut chargé de la commander sous ce prince.

Cependant les dispositions à prendre pour l'organisation des volontaires et des colonnes mobiles, demandoient quelques jours. Chaque instant enfantoit un nouveau danger. Buonaparte marchoit avec rapidité. Plusieurs régiments qui s'étoient trouvés sur sa route, l'avoient rejoint ; quelques-uns même s'étoient emparés en son nom de plusieurs villes de Bourgogne : l'un d'eux le devança dans Auxerre.

On conservoit un foible espoir de maintenir dans le devoir les troupes de la première division militaire et celles qui formoient la garnison de Paris. Un péril imminent auquel on venoit d'échapper par la fidélité du commandant de la Fère, et l'arrestation des traîtres d'Erlon et Lallemand, sembloit rassurer pour les départements du nord. Le duc de Reggio, abandonné de la vieille garde, étoit parvenu à contenir les autres troupes qui étoient sous ses ordres. On voulut former, sous le commandement du duc de Trévise, une armée de réserve à Péronne, où les troupes réunies seroient moins exposées à la séduction. M. le duc d'Orléans partit pour s'y rendre.

Ce fut alors que le roi vint au milieu des représentants de la nation dont il avait voulu s'entourer à la première approche du danger. Son discours aux deux chambres fit une grande impression dans la capitale, dont les habitants n'ont témoigné qu'un sentiment, celui d'un entier dévoûment au Roi et à la patrie: mais la garde nationale, composée en grande partie de pères de famille, ne pouvait fournir un nombre de volontaires suffisant pour donner quelque espoir de résistance. Le général Dessoles conseilla de mêler les citoyens aux soldats, pour retenir ceux-ci dans le devoir, et d'y joindre les corps de cavalerie de la maison militaire du Roi.

Le 17, on reçut une nouvelle désastreuse. Le maréchal Ney, que l'on envoyoit à la poursuite des rebelles, s'étoit joint à eux ; son infâme proclamation appeloit les troupes à partager son déshonneur. La ville de Sens, où l'on avoit cru retarder la marche de Buonaparte, se déclaroit hors d'état de résister. L'ennemi marchoit sur Fontainebleau, et les troupes de Paris restoient muettes, ou ne laissoient apercevoir que le désir d'abandonner leurs drapeaux.

A peine eurent-elles été mises en mouvement, que ces mauvaises dispositions dégénérèrent en sédition ouverte. Dans la matinée du 19, l'on sut qu'il n'y avoit pas en avant de Paris un seul régiment sur lequel on pût compter. Ainsi rien ne pouvoit plus arrêter la marche de Buonaparte ; et le seul parti qui restât au Roi étoit de se retirer avec sa maison militaire. Sa Majesté, qui avait envoyé M. le duc de Bourbon dans les départements de l'ouest, et qui avait adressé à M. le duc d'Angoulême les pouvoirs nécessaires pour diriger les armements des provinces méridionales, pensa qu'elle devait se porter de préférence vers les départemens du nord, les places fortes de ces frontières pouvant servir de point de ralliement aux sujets fidèles. Le Roi partit le 19, à minuit, et fut suivi, une heure après, par sa maison militaire, sous les ordres de Monsieur et de M. le duc de Berry.

Arrivé à Abbeville le 20, à cinq heures de l'après midi, le Roi comptait y attendre les troupes de sa maison ; mais le maréchal Macdonald ayant rejoint S. M. le 21 à midi, démontra au roi la nécessité de s'éloigner davantage. D'après son rapport, S. M. prit la résolution de se renfermer à Lille, et envoya à sa maison militaire l'ordre de l'y rejoindre par la route d'Amiens.

Le 22, à une heure après midi, le Roi, précédé par le duc de Tarente, entra dans Lille où il fut accueilli par les plus vives démonstrations de l'amour et de la fidélité des habitans. S. M. y avait été devancée par M. le duc d'Orléans et par M. de Trévise qui avait cru devoir y faire rentrer la garnison. Cette dernière circonstance, dont le Roi n'était pas instruit, pouvait déconcerter les plans de résistance qui venaient d'être formés. Si les troupes n'étaient point rentrées, les gardes nationales et la maison du Roi, secondées par le patriotisme des Lillois, auraient assuré au Roi ce dernier asile sur le territoire français. Avec une garnison nombreuse et mal disposée, ce dessein paraissait de l'exécution la plus difficile. Sa Majesté persista toutefois à en faire la tentative. Déjà sa présence avait porté à son comble l'enthousiasme du peuple. Une foule empressée se portait sur ses pas en faisant tous ses efforts pour émouvoir les soldats, et répétant sans cesse devant eux le cri de *Vive le Roi!* Ceux-ci, mornes et glacés, gardaient un sombre silence, présage alarmant de leur prochaine défection.

En effet, le maréchal Mortier déclara franchement au Roi qu'il ne pouvait répondre de la garnison. Questionné sur les expédients extrêmes qu'il serait possible d'employer, il déclara qu'il ne serait point en son pouvoir de faire sortir les troupes de la place.

Sur ces entrefaites, la déclaration promulguée à Vienne le 13 mars, au nom de toutes les puissances européennes, parvint à Lille. Le Roi l'y fit soudain répandre et afficher, espérant, mais inutilement, éclairer les troupes sur les funestes résultats dont leur trahison allait être suivie, et sur les malheurs inévitables qu'elle attirerait sur leur patrie.

Le 23, Sa Majesté sut que le duc de Bassano, faisant les fonctions de ministre de l'intérieur, avait envoyé au préfet de Lille des ordres de Buonaparte. Ce même jour, à une heure après-midi, le maréchal Mortier vint dire au ministre de la maison du Roi, que sur le bruit généralement répandu, que M. le duc de Berry allait arriver avec la maison militaire et deux régimens suisses, toute la garnison était prête à se soulever; qu'il conjurait le roi de partir pour éviter le plus affreux malheur; qu'en escortant lui-même Sa Majesté hors des portes de la ville, il espérait imposer encore aux soldats, ce qui lui deviendrait impossible, si l'on différait le départ d'un seul instant.

Le Roi jugea devoir alors envoyer à sa maison militaire l'ordre de se porter sur Dunkerque, ordre qui malheureusement n'est point parvenu. Quant à lui, ne pouvant se rendre directement dans cette ville, il se dirigea sur Ostende. Sa Majesté partit de Lille à trois heures, accompagnée du maréchal Mortier, et suivie de M. le duc d'Orléans. Au bas du glacis, le duc de Trévise se crut obligé de rentrer pour prévenir les désordres que pourrait commettre la garnison pendant son absence. M. le duc d'Orléans rentra aussi dans la place, et n'en repartit que plusieurs heures après. Le maréchal Macdonald n'a quitté le Roi qu'aux portes de Menin, et jusqu'au dernier moment a donné à S. M., ainsi que le duc de Trévise, la preuve consolante que la religion du serment et la loi de l'homme d'honneur n'étaient point dédaignées par tous les braves dont l'armée s'enorgueillit.

Un piquet de la garde nationale de Lille, un détachement de cuirassiers, et des chasseurs du Roi, ont suivi Sa Majesté jusqu'à la frontière. Quelques-uns de ces derniers, ainsi que plusieurs officiers, n'ont pas voulu l'abandonner, et l'ont accompagné sur le territoire de la Belgique. Le Roi est arrivé à Ostende, espérant se rendre à Dunkerque, dès que cette ville serait occupée par sa maison militaire.

Pendant ce temps, cette malheureuse maison, à laquelle s'étaient joints un grand nombre de volontaires de tout âge et de tout état, avait suivi la même route que le Roi avait prise pour se rendre à Lille. *Monsieur*, et M. le duc de Berry, toujours à la tête de cette brave élite, et en partageant les fatigues, avaient pu sans cesse en admirer l'héroïque constance. Des jeunes gens qui pour la première fois avaient chargé leurs bras d'une arme pesante, des vieillards faisant à pied des marches forcées dans les chemins qu'une pluie abondante et continue avait rendus presque impraticables, s'étoient associés à cette troupe fidèle, et n'ont été découragés ni par les privations, ni par l'incertitude d'une marche que la défection des garnisons voisines rendoit à chaque instant plus périlleuse. Dans l'absence des ordres que le Roi n'avoit pu faire parvenir, et à la nouvelle que Sa Majesté étoit sortie de Lille, la colonne se porta directement sur la frontière; mais ne pouvant défiler assez promptement pour suivre tout entière le maréchal Marmont, qui la dirigeait sous les ordres des princes, avec un zèle et une activité dignes d'un meilleur succès; engagée dans un terrain fangeux, d'où les chevaux ne pouvaient sortir qu'avec une extrême difficulté, une partie de ces infortunés a été forcée de rester en arrière. *Monsieur*, craignant que leur dévoûment ne leur fît courir des périls inutiles, les a laissés libres de se retirer. Bientôt surpris et renfermés dans Béthune par des ordres reçus de Paris, ils n'ont pu même tous se disperser, et ils n'ont laissé à *Monsieur* que l'espoir de réunir successivement auprès de lui tous ceux qu'il pourrait recueillir sur la frontière, où il est resté dans ce dessein.

C'est le 25, à huit heures du soir, que le Roi a su Monsieur arrivé à Ypres, et que la nouvelle du sort qu'éprouvait sa maison militaire, est venue ajouter au fardeau des sentimens douloureux dont il était accablé.

Au milieu de ces désastres, Sa Majesté a reçu d'éclatans témoignages de fidélité; mais ils doivent en quelque sorte aggraver encore ses regrets. C'est un peuple bon, sensible, qu'il a laissé en proie à tous les excès d'une soldatesque égarée. Ce sont des serviteurs dévoués, courageux, qu'il n'a pu même rassembler autour de lui. Ce sont des traits de constance inébranlable dans plusieurs des chefs les plus distingués de cette armée que le Roi voudrait encore nommer la sienne, auxquels il ne peut jusqu'ici offrir d'autre récompense que le prix d'estime et d'éloges que la France et la postérité leur décerneront un jour.

Depuis l'arrivée de Sa Majesté à Ostende, elle a su

par M. le duc d'Orléans que l'ordre de l'arrêter, ainsi que tous les princes, était parvenu au maréchal Mortier. Un officier d'état-major, porteur d'une dépêche du maréchal Davoust, où était renfermé le même ordre, est arrivé ensuite à Lille lorsque le Roi en était déjà sorti ; mais le duc de Trévise a fait en sorte que rien ne transpirât avant le départ de M. le duc d'Orléans.

Cette relation succincte des principaux faits que présente la courte et malheureuse époque dont le tableau vient d'être retracé, peut faire juger des subites et innombrables difficultés dont le Roi s'est vu environné. Jamais événemens plus inopinés et plus rapides n'ont changé la face d'une vaste monarchie ; mais jamais opposition plus marquante entre l'esprit du soldat et du citoyen n'a éclaté chez un peuple. Grande leçon pour les nations qui auraient l'imprudence de se soumettre à un gouvernement militaire !

Au reste, la défection simultanée et presque générale de l'armée n'a été, comme on le voit, fondée sur aucun motif qui puisse l'attacher long-temps au sort de l'homme dont le trop funeste ascendant l'entraîne aujourd'hui. Le pacte tacite qu'il a fait avec elle sera bientôt rompu par les revers qui l'attendent. Ce n'est point Buonaparte proscrit, rejeté et bientôt accablé par l'Europe entière que cette soldatesque crédule a voulu suivre, c'est le dévastateur du monde qu'elle a vu prêt à lui en rendre les dépouilles. Le prestige détruit, Buonaparte perdra bientôt sa force empruntée. C'est cet instant, c'est la réflexion qui suit l'ivresse d'une grande erreur, que le Roi attend avec toute l'impatience que lui donnent les heureux résultats qu'il en espère.

DE L'IMPRIMERIE DU ROI.

www.ingramcontent.com/pod-product-compliance
Lightning Source LLC
Chambersburg PA
CBHW071436060426
42450CB00009BA/2198